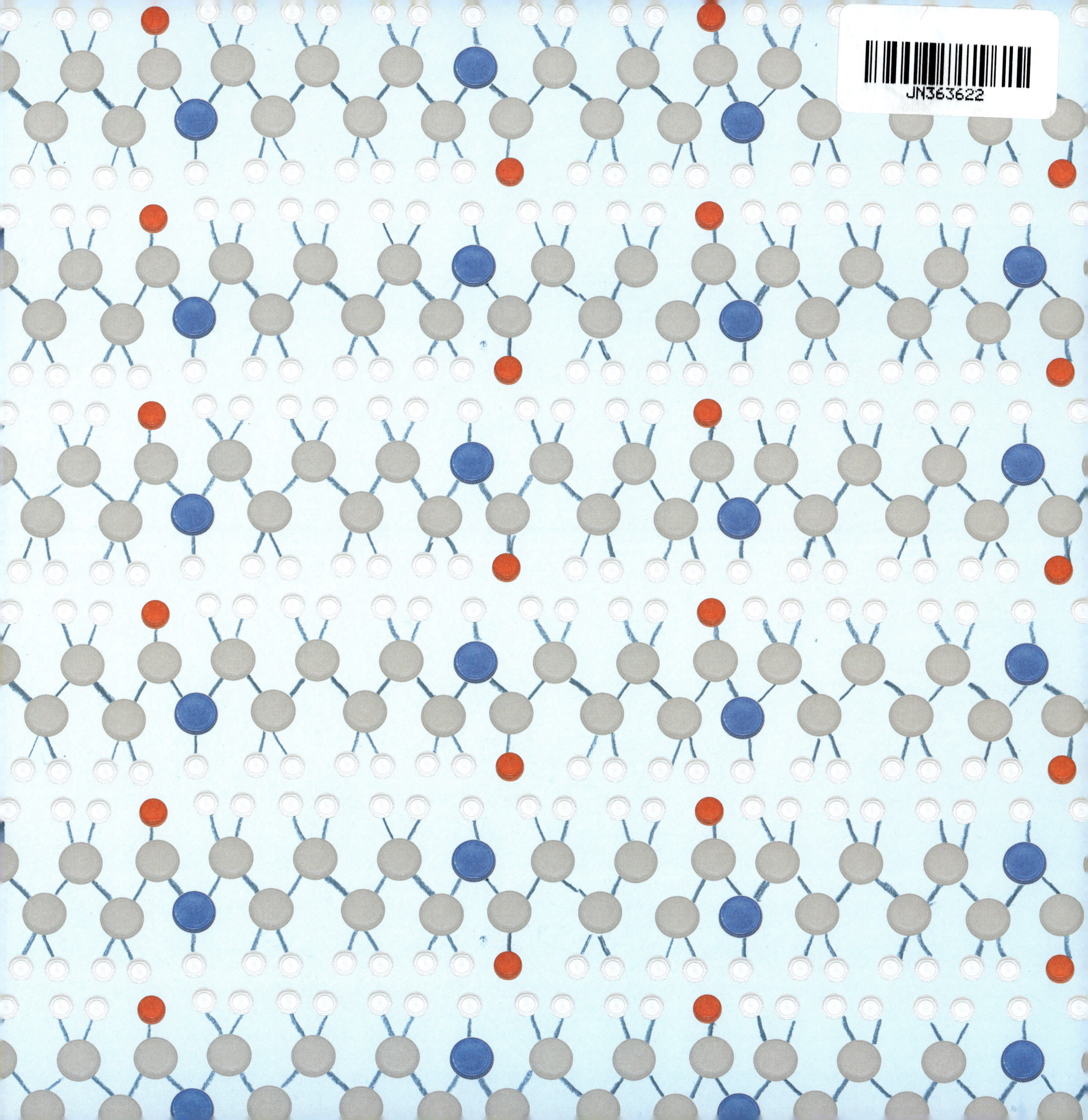

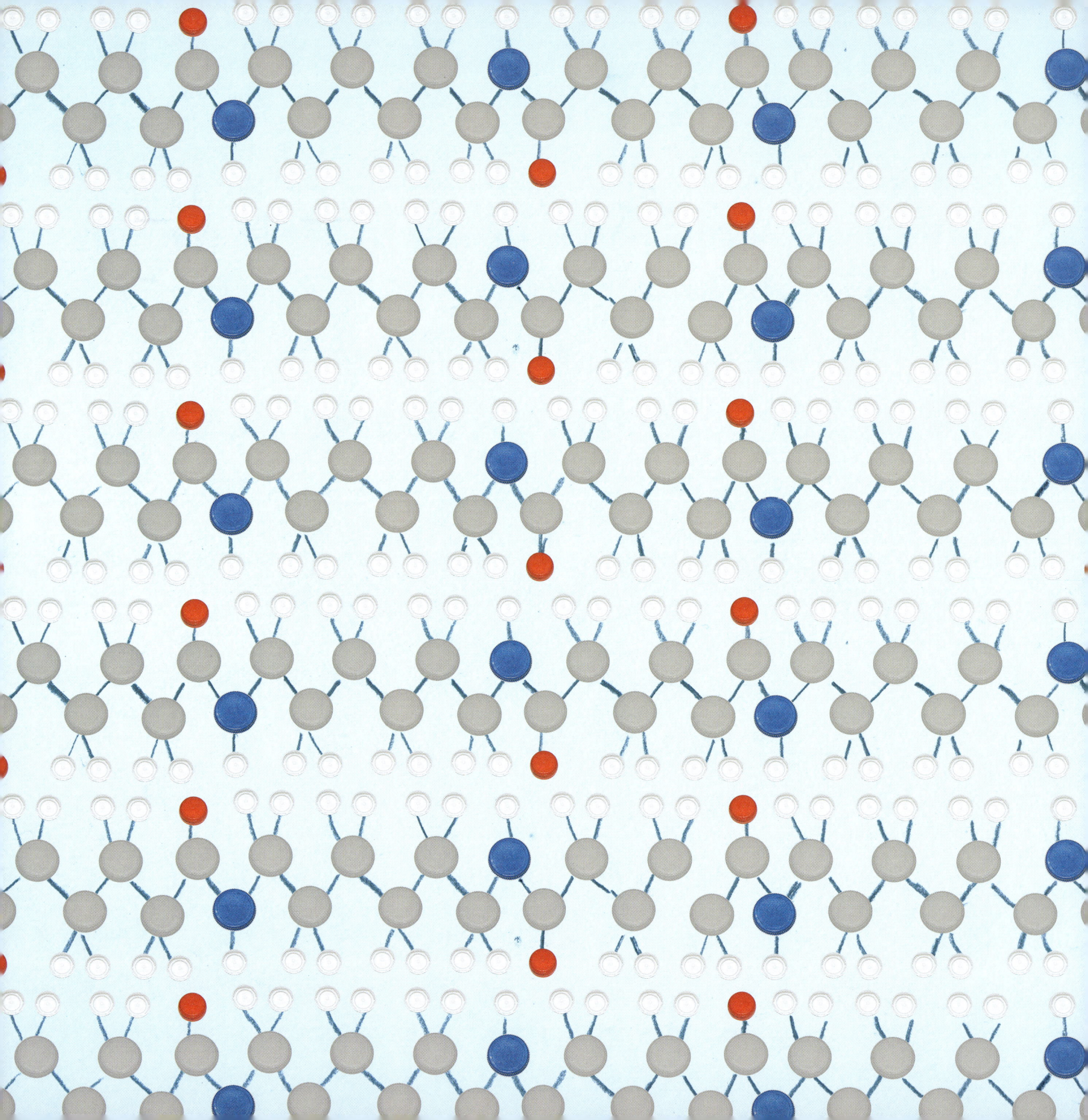

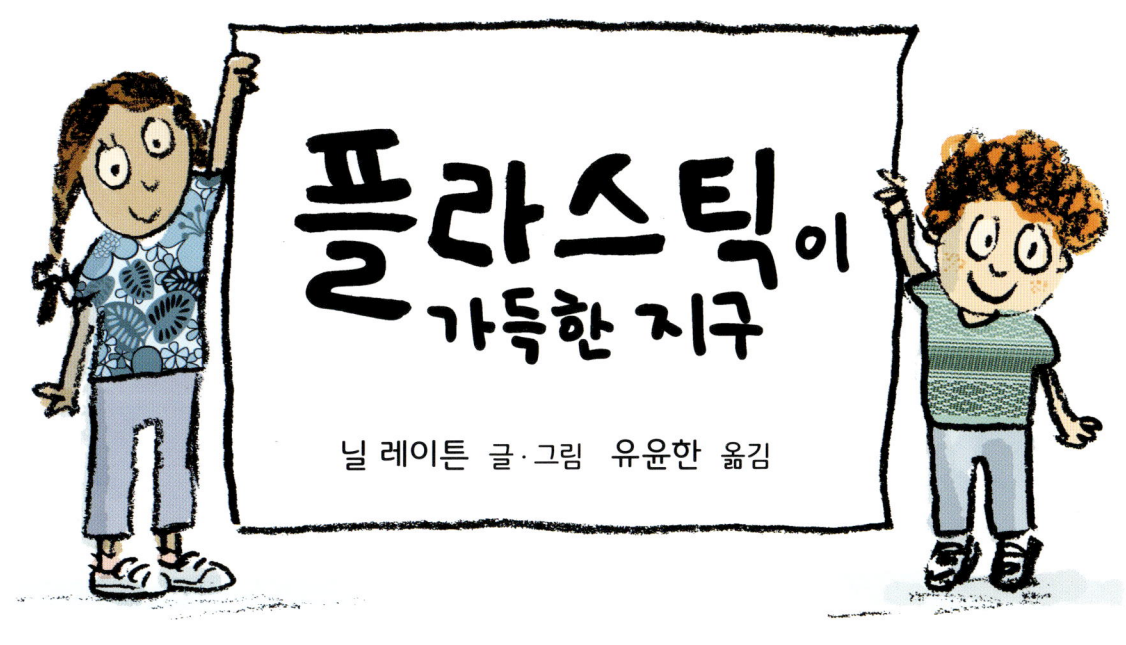

플라스틱이 가득한 지구

닐 레이튼 글·그림 유윤한 옮김

JEI 재능교육

안녕, 친구!

누구 말씀이세요?
저요?

맞아, 바로 너. 한 가지만 물어볼게.
혹시 세상의 물건들을 무엇으로 만드는지 생각해 본 적 있니?

어떤 물건은 이 책처럼 종이로 만들어.
어떤 물건은 나무나 금속, 아니면 유리로 만들지.

플라스틱! **정말 놀랍지 않니?** 플라스틱은 모양도, 크기도, 색깔도 정말 다양해.

  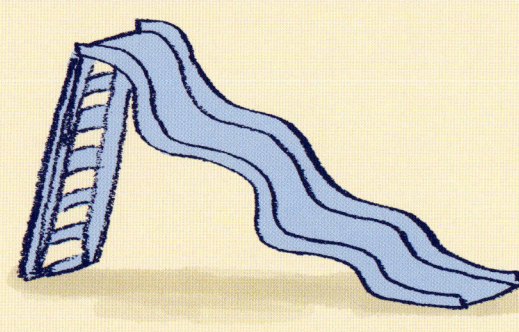

어떤 때는
물렁물렁하고

어떤 때는
딱딱해.

어떤 때는
아주 크고

어떤 때는
아주 아주 작아.

주위를 둘러봐. 플라스틱은 **어디에나 있을 거야.**

모두 어떻게 생겨났을까?

힌트: 플라스틱이 열리는
나무는 없음.

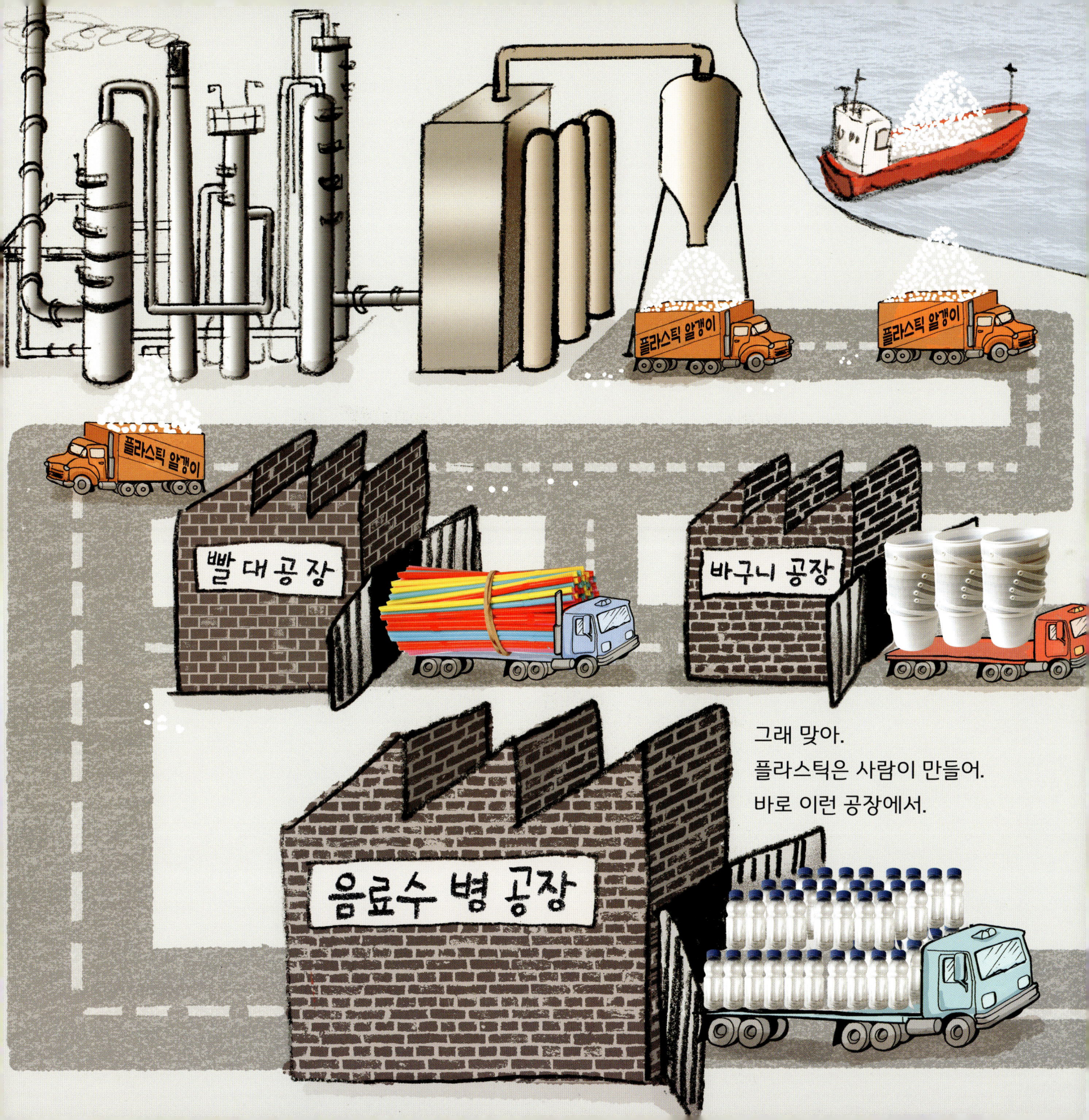

말도 안 돼! 이거 너무 멋지잖아!

"플라스틱은 마법사 같아!" 모두 이렇게 말했어.

사람들은 플라스틱을 많이 많이 만들기 시작했어. 그리고 되도록 모든 것에 이용했지.

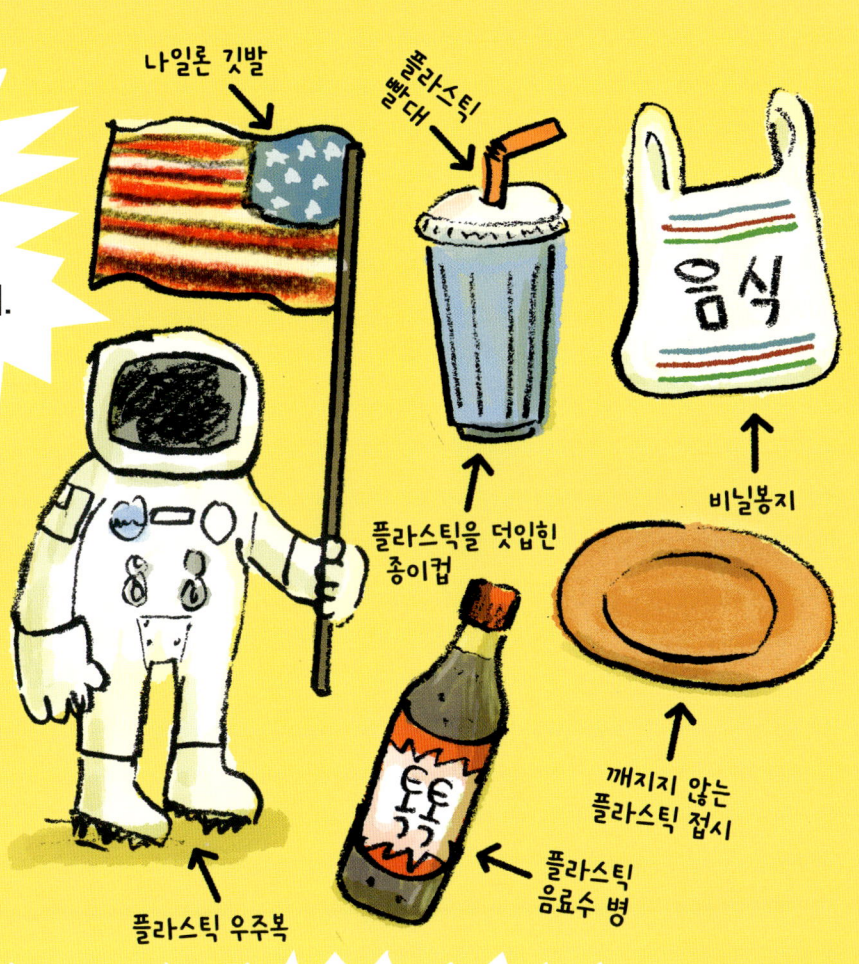

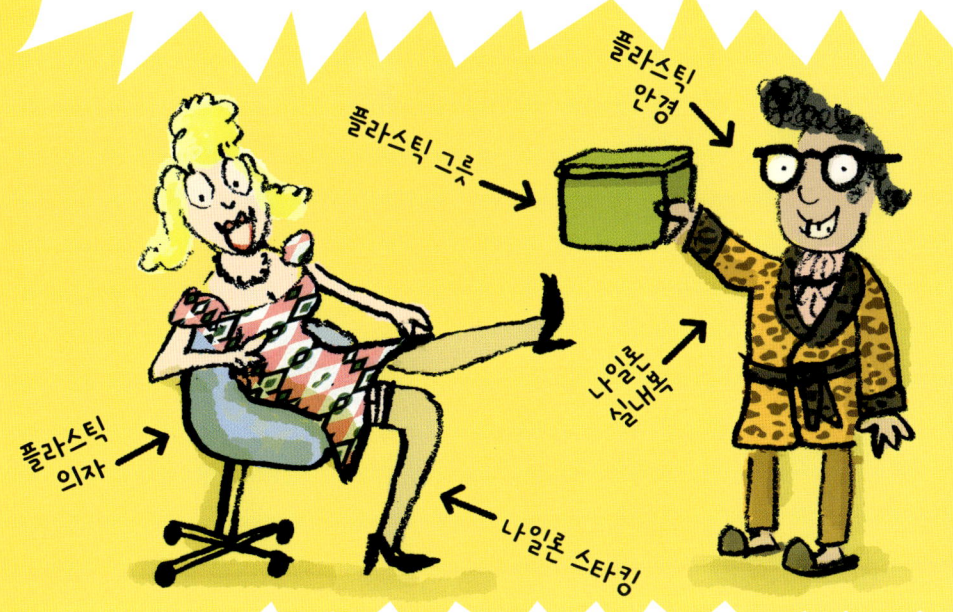

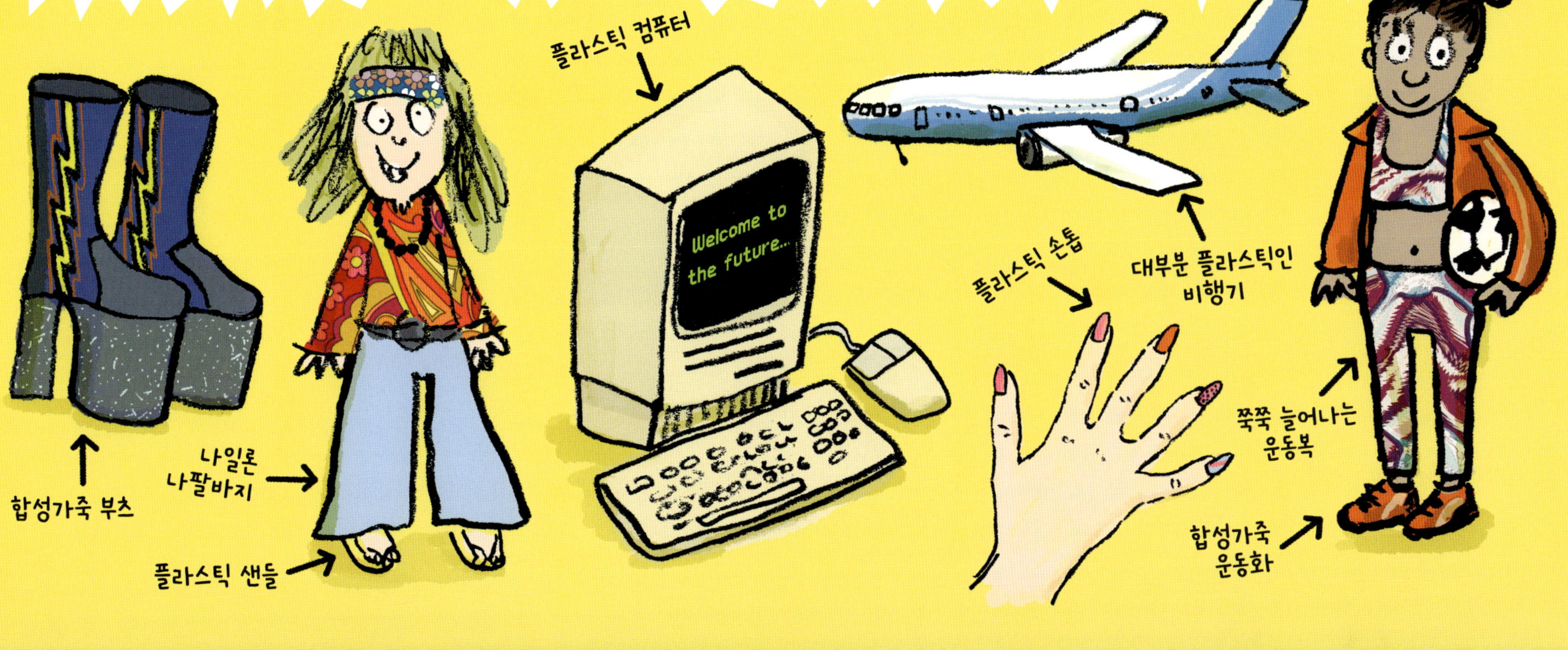

그런데 문제가 생겼어.

주위를 둘러봐.
엉뚱한 곳에 버려진 플라스틱이 보일 거야.

있어서는 안 될 곳에
떠다니거나 뒹구는 플라스틱도 보게 될 거야.
플라스틱에 대한 가장 놀라운 사실을 알려 줄게.

플라스틱은 자연에 있는 다른 것들처럼

자연 분해

되지 않아.

오!
커다란 글씨로
쓰셨네요.
그게 무슨 뜻이죠?

플라스틱 병

차근차근 설명해 볼게.

나뭇잎이 땅에 떨어지면, 노란색이 되었다가 갈색으로 변해.
점점 더 작게 부서지다가 사라지지.
마지막엔 흙과 먼지만 남고 말이야.

이렇게 될 때까지 몇 달은 걸려.
볼 수는 없지만,
아주 작은 미생물들이 나뭇잎을 먹어 치우기 때문이야.

사과처럼 자연에서 생기는 것들은 모두 이렇게 썩어 없어져.
이런 과정을 **자연 분해**라고 해.

1달 후

사과 심은 자연 분해 되는 데 8주 정도 걸려.

플라스틱은 달라. 플라스틱이 땅에 떨어지면, 계속 그대로 있어.

몇 년이 흐르고

또 몇 년이 흐르고

또 몇 년이 흘러도.

플라스틱은 자연 분해되지 않아.

정말요?

물론이지.

사실 플라스틱은
오랫동안 변하지 않기 때문에
아주 쓸모가 많아.

그런데 바로 그 점이
문제이기도 해.

다 쓴 플라스틱은 있어선 안 될 곳까지 가고 말거든.
그리고 몇 년이 지나도 그대로 있지. 비, 바람, 햇빛이
플라스틱을 잘게 부수어도 사라지지 않아.
점점 더 작은 플라스틱 조각이 될 뿐이야.

어마어마하게 많은 플라스틱 조각들은
결국 바다로 가게 돼.

바다로 떠내려온 플라스틱 중 어떤 것은 물 위를 떠다녀.

또 어떤 것은 바다 밑바닥까지 가라앉아서 굴러다니지.

동물에게는 모두 큰 위험 덩어리야.

플라스틱 조각들은 돌고 도는 바닷물에 떠밀려 다니다가 덩어리를 만들기 시작했어.
결국 커다란 쓰레기 섬 다섯 개가 생기고 말았지.

가장 유명한 것은 북태평양 쓰레기 섬이야.
지금 이 섬은 우리나라보다 16배나 더 커.

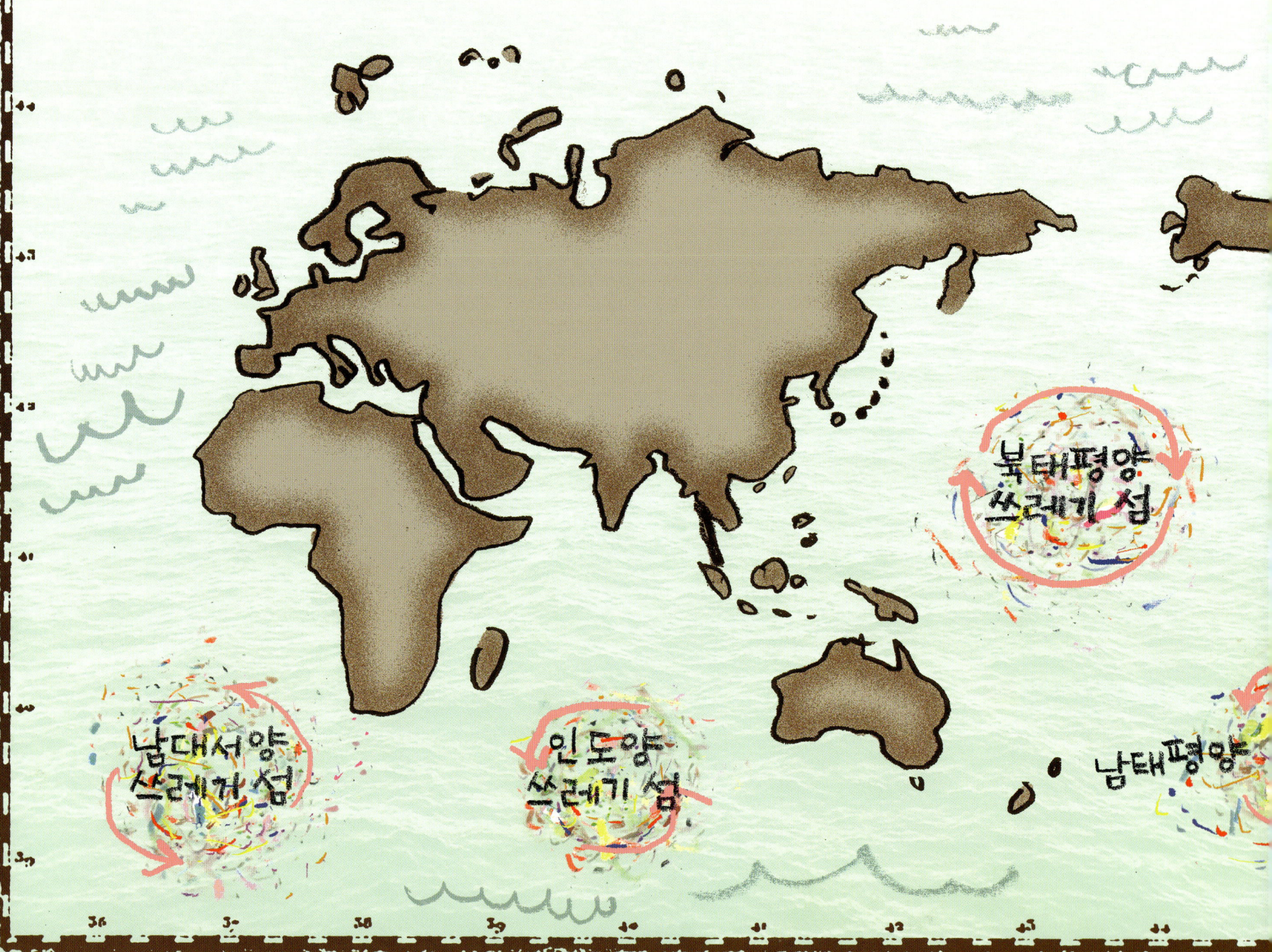

쓰레기 섬에 있는 플라스틱은
대부분 보이지 않을 정도로 작아.
이것을 미세 플라스틱이라고 해.
미세 플라스틱은 이 그림보다도 작지.

미세 플라스틱은 큰 플라스틱보다 많은 문제를 일으켜.
동물들이 먹이로 착각하고 먹기 때문이야.
동물의 배 속에 미세 플라스틱이 점점 쌓이면,
진짜 먹이가 들어갈 자리가 없어지거든.

게다가 플라스틱에는 종종 끔찍한 독이 들어 있어.
플라스틱을 먹은 작은 물고기는 죽을 수도 있어.
만약 살아 있다면, 더 큰 물고기에게 잡아먹히겠지.
플라스틱은 이렇게 먹이 사슬을 타고
결국 사람 몸속으로 들어와!

몇몇 과학자들은 말했어. 바다에는 곧
물고기보다 플라스틱이 많아질 거라고 말이야.

동물들이 다치는 건 싫어요!

지구가 플라스틱으로
가득 차는 것도 싫어요!

그럼, 매일 쓰는 플라스틱 양을 줄이려고 노력해야 해.
플라스틱을 덜 쓸수록,
버려지는 플라스틱도 줄어들지!

물건을 만드는 사람들도 반드시 따져 봐야 해.
꼭 플라스틱을 써야만 하는지 말이야.
얼마 쓰지도 않고 버려져서는
계속 환경에 해를 끼칠 물건을 만드는 건 옳지 않아.

해마다 사람들은 플라스틱을 약 3억 3천만 톤 정도 만들어.
이 중에서 거의 절반은 한 번만 쓰고 버려지지.

줄이자!

많은 플라스틱 물건들은 몇 번이든 다시 쓸 수 있어.
꼭 다시 쓰도록 하자!

  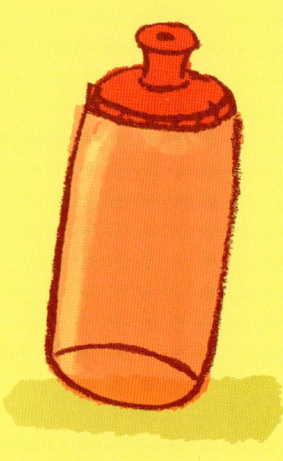

나에게 필요 없는 플라스틱 물건은 필요로 하는 다른 사람에게 줄 수 있어.

쓰기 어려울 정도로 낡은 플라스틱 물건도 쓰레기통에 아무렇게나 버리지 마.
재활용하면 다른 플라스틱 물건으로 바꿀 수 있거든.

하지만 플라스틱은 몇 번 재활용하다 보면,
더 이상 쓸 수 없게 돼.
그리고 처음부터 아예 재활용할 수 없는
플라스틱도 있어.

그래서 **환경 운동가**들은 플라스틱 문제를 널리 알리고 있어.
이 문제를 해결하려면 모두의 도움이 필요하기 때문이야.

과학자들은 기발한
아이디어를 내놓고 있어.
특수한 미생물들이 플라스틱을
자연 분해할 수 있는지 실험도 하고,
자연 분해되는 새로운 플라스틱을
발견하기도 했어.

플라스틱을 모으는

햇빛 에너지로 돌아가며
플라스틱을 모으는 바퀴,

플라스틱이 가득한 지구를 만들지 않으려면,
한 사람 한 사람 다 같이 노력해야 해.

물론 엄청난 일이지만
우리는 해낼 수 있어!

내 이야기를 잘 들어줘서 고마워.

우리가 당장 할 수 있는 일들이야!

플라스틱 문제를 해결하기 위해 우리가 도울 수 있는 방법들을 알아보자!

1 플라스틱 물건을 나만의 창의적인 방법으로 다시 써 보자.

플라스틱 병 물뿌리개

작은 온실이 된 페트병

플라스틱 통에 콩을 넣어 흔드는 악기

플라스틱 통으로 만든 연필꽂이

플라스틱 그릇으로 만든 멋진 팔레트

2 가족들에게 말해 보자. 플라스틱으로 만들거나 비닐 포장한 물건을 친환경적인 다른 물건으로 바꾸어 쓰자고.

3 장갑을 챙겨 주변에서 하는 청소 활동을 같이 해 보자. 바닷가나 공원이나 거리 어디든지 말이야. 2분도 좋고, 20분도 좋아!

* 더 알아보기 (인터넷 사이트)
· 환경운동연합 http://kfem.or.kr
· 유엔환경계획 한국협회 http://www.unep.or.kr

너도 잘 알겠지만, 어른들만 기발한 생각을 떠올리는 건 아니야!

한나 테스타는 플라스틱 문제를 더 많은 사람들에게 알려야 한다고 생각했어. 그러기 위해 '플라스틱 오염 인식의 날'을 14살 때 만들었어!

보얀 슬랫은 16살 때, 너무 많은 플라스틱이 바다를 오염시키고 있다고 깨달았어. 그때부터 재활용할 플라스틱을 모으는 '오션 클린업'이란 단체를 만들었지.

멜라티와 이사벨 위즌 자매는 자신의 나라 인도네시아에서 비닐 봉지 사용에 반대하는 캠페인을 벌였어. 멜라티가 12살, 이사벨이 10살 때였지. '바이 바이 비닐봉지'라는 캠페인은 전 세계로 퍼져 나갔어.

안녕하세요?
작가 닐 레이튼입니다.
저는 플라스틱을 조사하고
이 책을 쓰면서 삶이 바뀌었어요.
이 책을 읽고, 여러분의 생활도
바뀐다면 좋겠어요. 혹시 알아요?
지구를 구할 기발한 생각이
떠오를지요.

여러분의 기발한 생각
?

낱말 풀이

베이클라이트 1906년, 화학자 레오 베이클랜드의 이름을 따 만들어진 최초의 인공 플라스틱.
*최초의 플라스틱은 1868년 미국의 하이엇이 천연 재료로 만든 셀룰로이드.

미세 플라스틱 너무 작아 거의 보이지 않는 플라스틱 조각들. 환경을 오염시킴.

나일론 옷감, 줄, 붓털을 만드는 데 자주 쓰는 플라스틱의 한 종류.

포츠머스 대학교와 협력하는 '저스트 원 오션' 재단의 데이비드 존스에게 깊이 감사드립니다.
그의 도움이 없었다면, 이 책을 쓰지 못했을 것입니다.
또한 영감을 준 클레어 시크에게도 깊이 감사드립니다.

글·그림 닐 레이튼
영국에서 태어난 일러스트레이터이자 작가로 센트럴 세인트 마턴스 대학에서 미술과 디자인을 공부했습니다.
어릴 때는 새총을 만들어 흙에서 뒹굴며 놀거나 그림 그리는 것을 좋아했다고 합니다.
《에밀리의 토끼 인형》으로 영국 네슬레 스마티즈 금상을 수상했으며, 지금까지 80권이 넘는 책에 그림을 그렸고
직접 쓴 책은 전 세계 16개국 언어로 번역, 출간되고 있습니다.
바닷가에서 사는 것을 좋아하는 닐 레이튼은 현재 영국 포츠머스에서 가족과 함께 살며 책을 쓰고 있습니다.

옮김 유윤한
이화여자대학교 과학교육과를 졸업하고 어린이에게 과학을 쉽고 재미있게 알려주는 번역가이자 작가로 활동하고 있습니다.
지은 책으로 《궁금했어, 인공지능》, 《궁금했어, 우주》가 있고, 옮긴 책으로 《지구에는 생물이 가득가득》, 《얘들아, 기후가 위험해!》,
《마빈의 인체 탐험》, 《수학의 구조 대사전》, 《카카오가 세계 역사를 바꿨다고?》, 《생활에서 발견하는 재미있는 과학 55》,
《매스히어로와 숫자 도둑》, 《몸이 보내는 신호, 잠》 등이 있습니다.

플라스틱이 가득한 지구

글·그림 닐 레이튼 **옮김** 유윤한
펴낸날 2019년 12월 23일 초판 1쇄 발행, 2021년 10월 11일 초판 2쇄 발행
펴낸이 박종우 **책임편집** 황지성 **편집** 정지연, 장지연 **디자인** 이선영, 백봉정 **마케팅** 원도연, 정시내
펴낸곳 (주)재능교육 **출판등록** 1977년 2월 11일 제5-20호 **제조국** 중국
주소 서울시 종로구 창경궁로 293 **전화** 02-744-0031, 1588-1132 **팩스** 02-6716-8158
홈페이지 www.jeibook.com **블로그** blog.naver.com/jeibook **페이스북** facebook.com/jeibooks **인스타그램** @jei_book

A Planet Full of Plastic
Copyright © Neal Layton, 2019
First published in Great Britain in 2019 by Wren & Rook
Korean Edition Copyright © JEI Corporation, 2019
All rights reserved. This Korean edition published by arrangement with HODDER AND STOUGHTON LIMITED,
on behalf of Wren & Rook, a division of Hachette Children's Group, through Shinwon Agency Co., Seoul.
Printed in China

이 책의 한국어판 저작권은 신원 에이전시를 통한 HODDER AND STOUGHTON LIMITED사와의 독점 계약으로 ㈜재능교육에 있습니다.
저작권법에 의해 한국 내에서 보호를 받는 저작물이므로 무단전재와 복제를 금합니다.
잘못된 책은 바꾸어 드립니다.

ISBN 978-89-7499-368-9 73300
ISBN 978-89-7499-390-0 (세트)

⚠ 사용연령 : 36개월 이상
⚠ 주의! 책의 모서리가 날카로우니, 던지거나 떨어뜨려 다치지 않도록 주의하세요.

*이 책에 있는 웹사이트는 출간 시 유효했으나, 추후 내용이나 주소가 변경되었을 수도 있습니다.

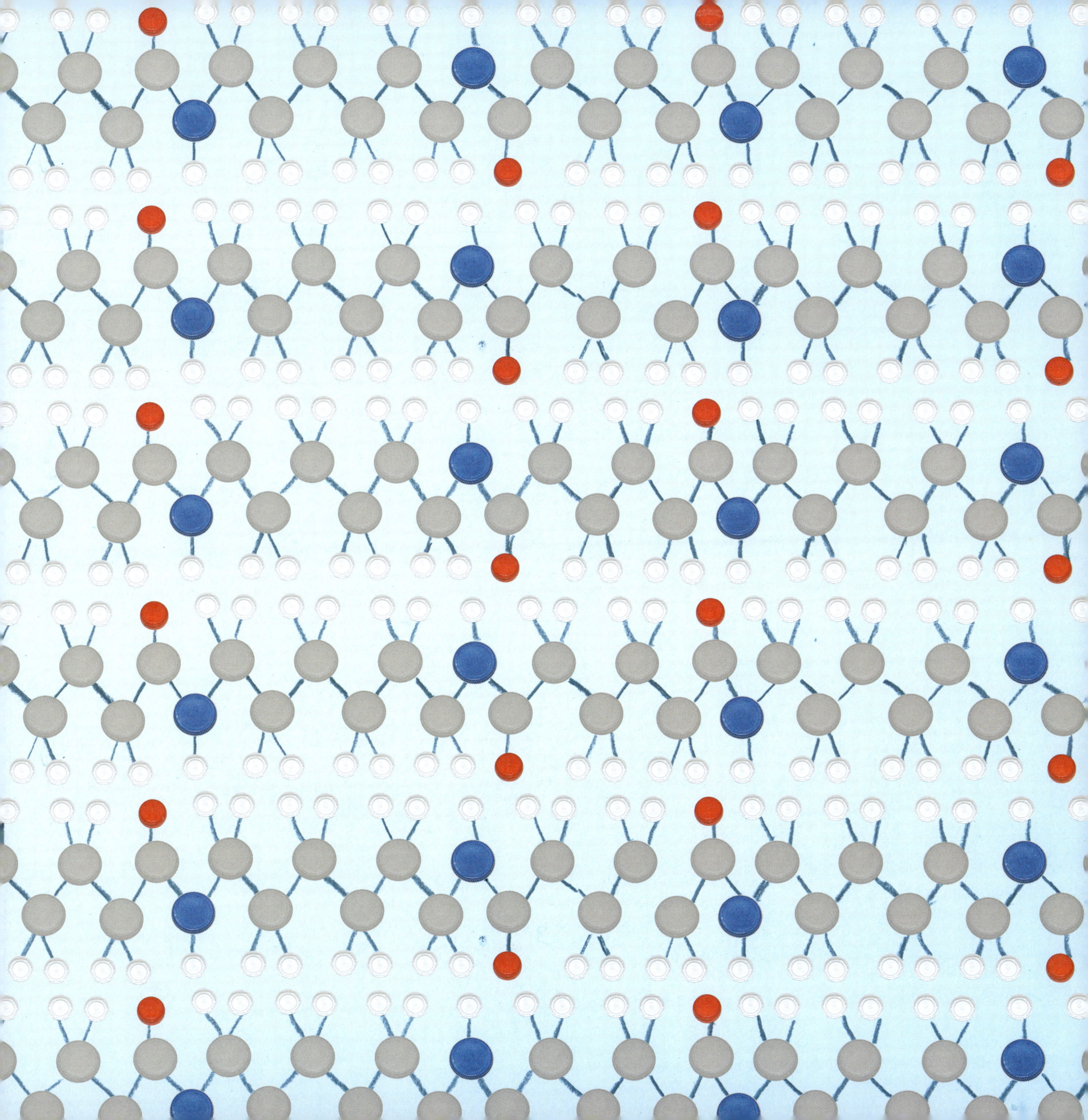

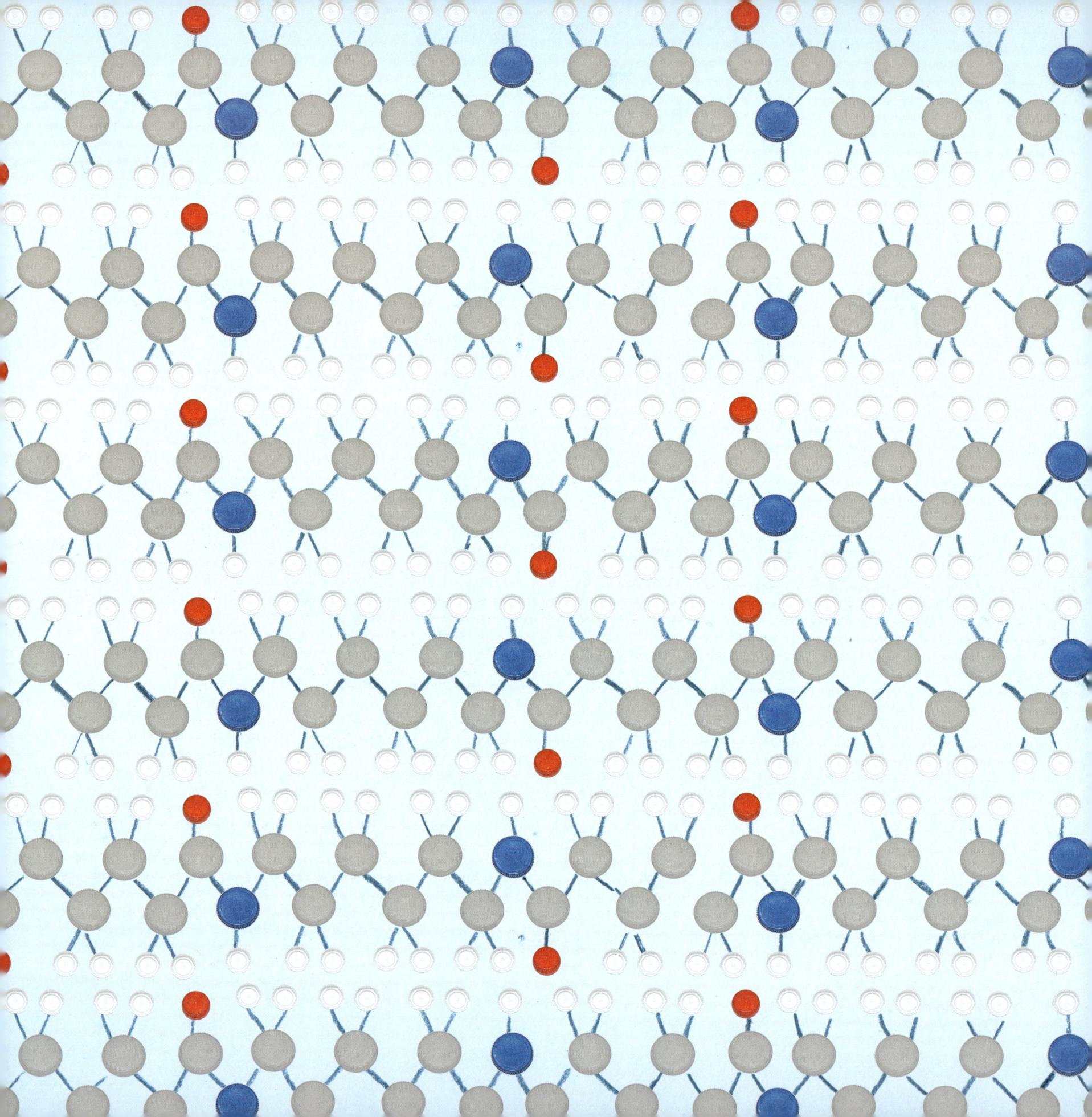